Impressum
Verlag: BABADADA GmbH, Nedderfeld 112 , 22529 Hamburg
Geschäftsführer / Verlagsleitung: Harald Hof
Druck: Books on Demand GmbH, In de Tarpen 42, 22848 Norderstedt

Imprint
Publisher: BABADADA GmbH, Nedderfeld 112 , 22529 Hamburg, Germany
Managing Director / Publishing direction: Harald Hof
Print: Books on Demand GmbH, In de Tarpen 42, 22848 Norderstedt

ښوونځی

el colegio

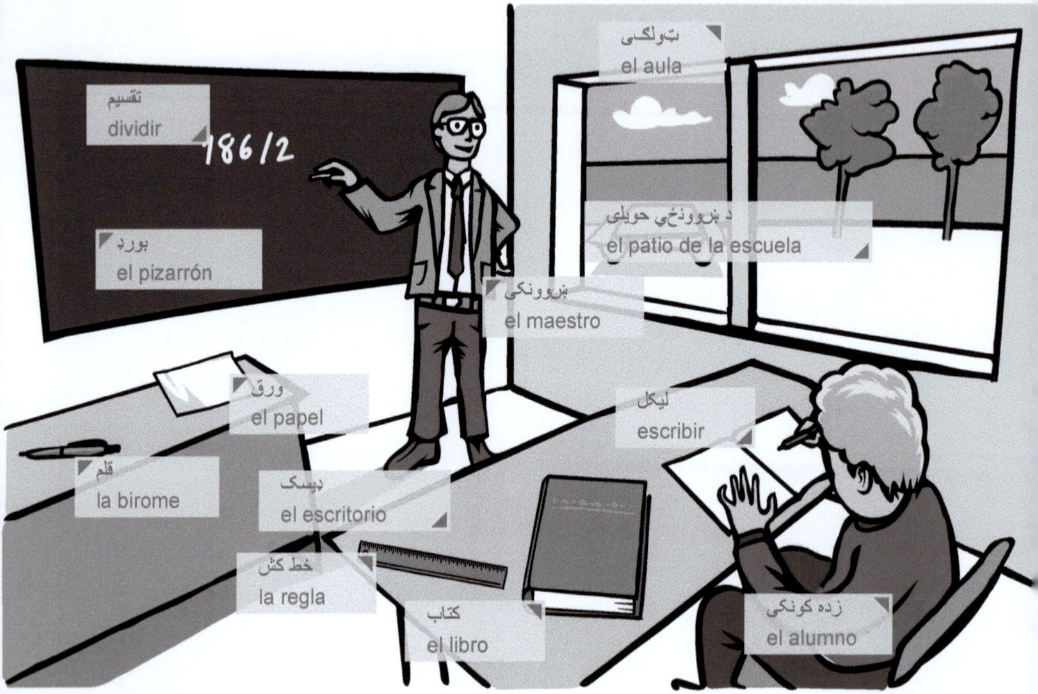

ټولګی
el aula
تقسیم
dividir
186/2
د ښوونځي حویلی
el patio de la escuela
بورډ
el pizarrón
ښوونکی
el maestro
ورق
el papel
لیکل
escribir
قلم
la birome
ډیسک
el escritorio
خط کش
la regla
کتاب
el libro
زده کونکی
el alumno

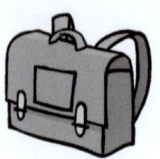

کڅوړه

la mochila

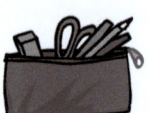

د پنسل بکسه

la caja de lápices

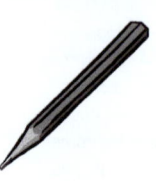

پنسل

el lápiz

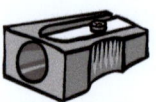

پنسل تراش

el sacapuntas

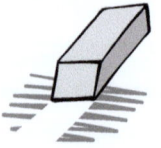

ربړ

la goma (de borrar)

د رسامۍ پاڼه

el bloc de dibujo

رسامي

el dibujo

د نقاشی برس

el pincel

د نقاشی بکس

la caja de pinturas

قیچي

la tijera

سریښ

el pegamento

د تمرین کتاب

el cuaderno de ejercicios

کورنۍ دنده

la tarea

 شمیر

el número

جمع

sumar

منفي

restar

ضرب

multiplicar

حساب

calcular

توری

la letra

الفبا

el abecedario

کلمه

la palabra

متن

el texto

لوستل

leer

تباشیر

la tiza

درس

la lección

راجستر

el cuaderno de clase

ازموینه

el examen

تصدیق پانه

el certificado

د ښوونخي یونیفارم

el uniforme escolar

تعلیم

la educación

دایره المعارف

la enciclopedia

پوهنتون

la universidad

مایکروسکوپ

el microscopio

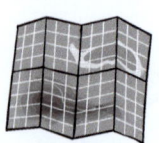

نقشه

el mapa

اشغالدانی

el tacho (de basura)

سفر

el viaje

Grand
ROOMS
هوټل
el hotel
ليليه
el hostel
د اسعارو د تبادلې دفتر
la casa de cambio
بکس
la valija
موټر
el auto

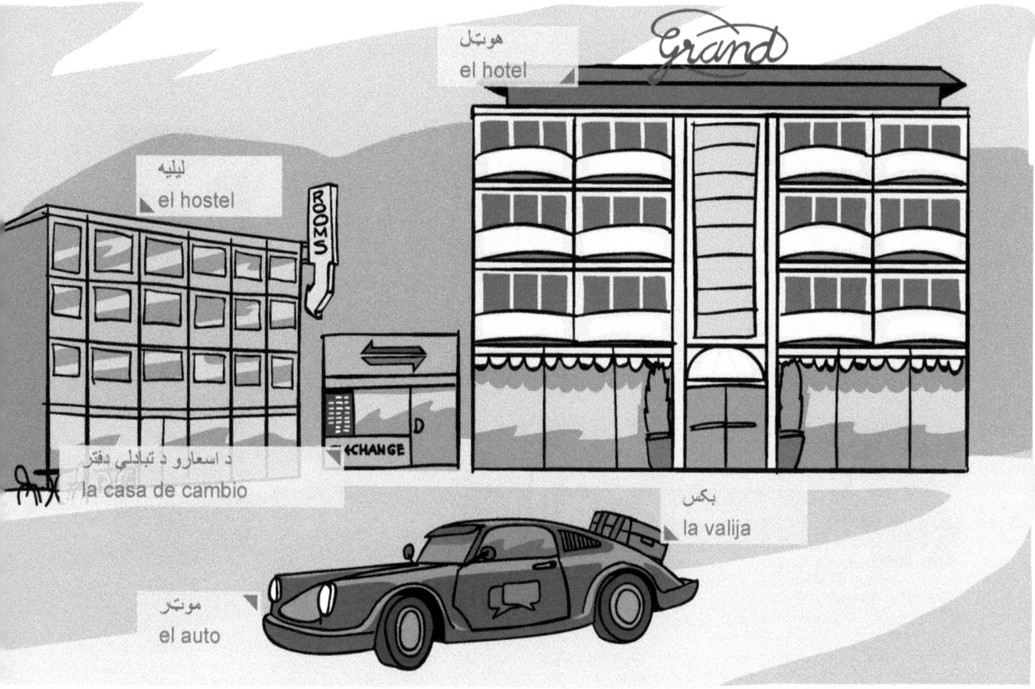

ژبه

el idioma

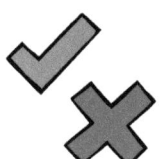

هو/نه

sí / no

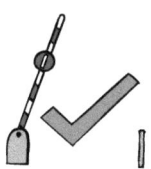

سمه ده

Está bien

سلام

hola

ژباړونکی

el traductor

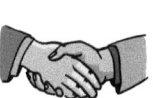

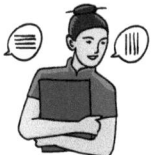

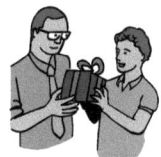

مننه

Gracias

خومره دي...؟

¿cuánto cuesta…?

زه نه پوهیږم

No entiendo

ستونزه

el problema

ماښام مو پخیر!

¡Buenas tardes!

سهار په خیر!

¡Buenos días!

شپه په خیر!

¡Buenas noches!

په مخه مو ښه

el adiós

لاربښود

la dirección

سامان

el equipaje

بیگ

el bolso

شاتنی بکس

la mochila

میلمه

el invitado

خونه

la habitación

د خوب کڅوړه

la bolsa de dormir

خیمه

la carpa

د توریزم معلومات

la información turística

ساحل

la playa

کریډیت کارت

la tarjeta de crédito

ناری

el desayuno

د غرمي خواړه

el almuerzo

د شپي خواړه

la cena

ټیکټ

el pasaje

لفټ

el ascensor

مهر

el sello

پوله

la frontera

ګمرک

la aduana

سفارت

la embajada

ویزه

la visa

پاسپورت

el pasaporte

ټرانسپورټ

el transporte

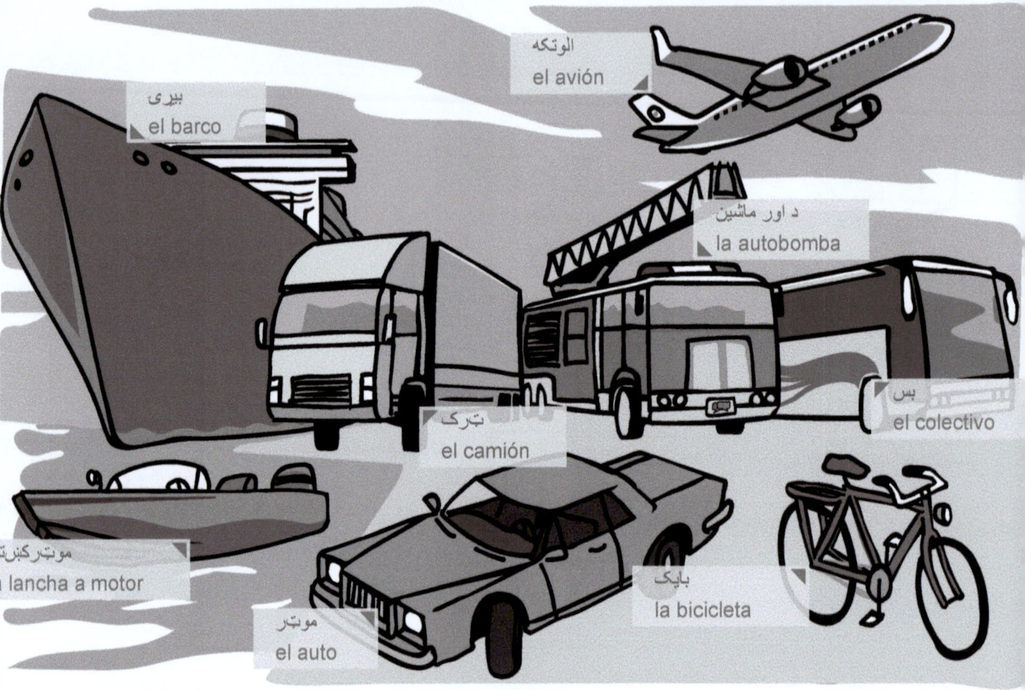

الوتکه
el avión
بیړی
el barco
د اور ماشین
la autobomba
بس
el colectivo
ټرک
el camión
موټرکښتی
la lancha a motor
موټر
el auto
بایک
la bicicleta

کښتی

el ferry

کښتی

el bote

موټرسایکل

la moto

د پولیسو موټر

el patrullero

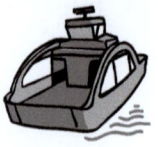

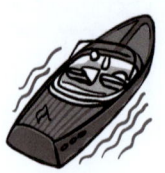

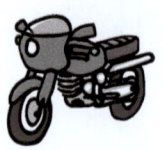

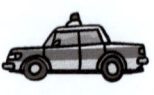

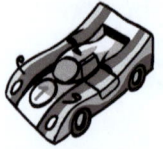

د ریس موټر

el auto de carreras

کرایی موټر

el auto de alquiler

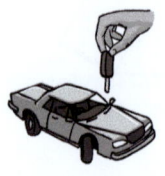

د کرايه موټري

el alquiler de autos

جرثقيل لرونکی ټرک

la grúa

ريفيوز ټرک

el camión de la basura

موټرر

el motor

سونگ توکي

la nafta

پټرول سټيشن

la estación de servicio

ترافيکي نښه

la señal de tránsito

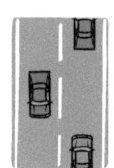

ترافيک

el tránsito

جام ترافيک

el embotellamiento

د موټرو ټمځای

el estacionamiento

د ريل سټيشن

la estación de tren

پاټکي

las vías

ريل

el tren

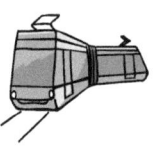

ټرام

el tranvía

واگون

el vagón

چورلکه

el helicóptero

هوايي ډگر

el aeropuerto

برج

la torre

مسافر

el pasajero

كانټينر

el contenedor

كارتون

la caja de cartón

كارت

la carretilla

ټوكرى

la canasta

الوتنه كول/كښېناستل

despegar / aterrizar

ښار

la ciudad

كلى

el pueblo

د ښار مركز

el centro de la ciudad

كور

la casa

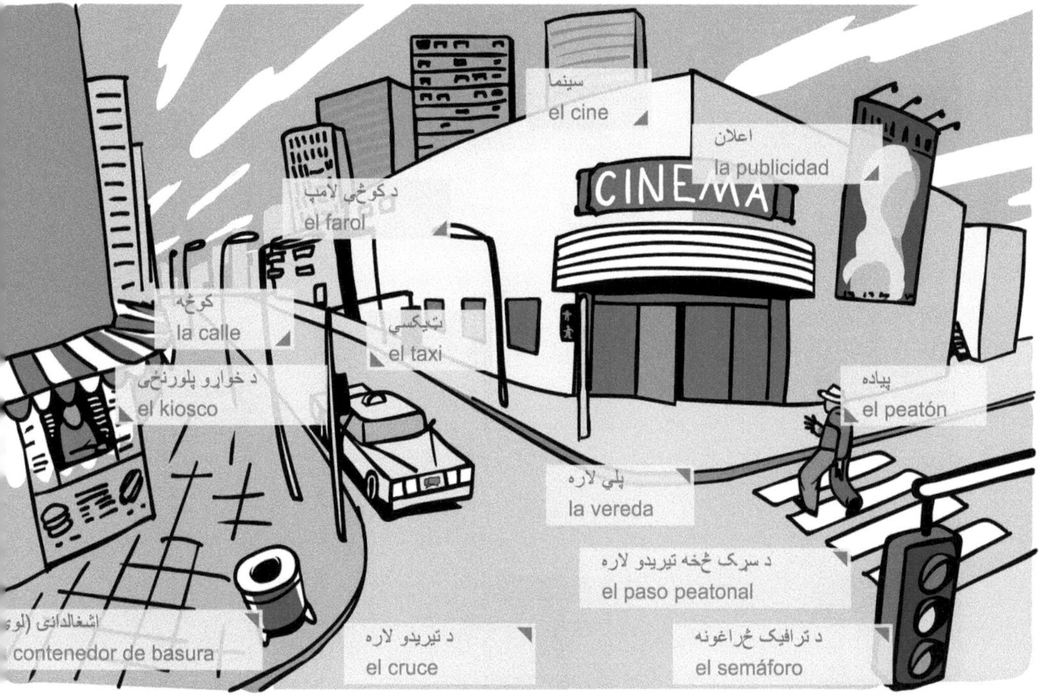

سینما
el cine

اعلان
la publicidad

CINEMA

د کوڅی لامپا
el farol

کوڅه
la calle

ټیکسی
el taxi

د خوارو پلورنځی
el kiosco

پیاده
el peatón

پلی لاره
la vereda

د سرک څخه تیریدو لاره
el paso peatonal

اشغالدانۍ (لوی
contenedor de basura

د تیریدو لاره
el cruce

د ترافیک څراغونه
el semáforo

کوډله

la cabaña

اپارتمان

el departamento

د ریل سټیشن

la estación de tren

ټاون هال

la municipalidad

میوزیم

el museo

ښوونځی

el colegio

پوهنتون

la universidad

بانک

el banco

روغتون

el hospital

هوټل

el hotel

درملتون

la farmacia

دفتر

la oficina

کتاب پلورنځی

la librería

پلورنځی

el negocio

د ګلانو پلورنځی

la florería

لوی پلورنځی

el supermercado

مارکیټ

el mercado

د ډیپارټمنټ سټور

las grandes tiendas

کب پلورنځی

la pescadería

د پلور مرکز

el centro comercial

لنګرتون

el puerto

پارک

el parque

بينچ

el banco

پل

el puente

زينه

las escaleras

د خمكي لاندي

el subte

تونل

el túnel

بس تمځای

la parada del colectivo

بار

el bar

ريستورانټ

el restaurante

پوست بكس

el buzón

د كوڅې نښه

el letrero

د پارک كولو ميټر

el parquímetro

ژوبڼ

el zoológico

د لامبو حوض

la pileta

مسجد

la mezquita

کروندہ

la granja

ناپاکي

la contaminación

هدیرہ

el cementerio

چرچ

la iglesia

د لوبو ډګر

los juegos infantiles

معبد/کلیسا

el templo

منظره

el paisaje

پانہ
la hoja

د لارښوونې نښہ
el poste indicador

لارہ
el camino

چمن
la pradera

کانۍ
la piedra

ونہ
el árbol

هیکر
el excursionista

سیند
el río

واښہ
la hierba

ګل
la flor

دره
....
el valle

غونډۍ
....
la montaña

ناور
....
el lago

ځنګل
....
el bosque

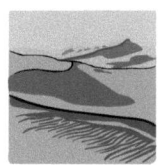

دشته
....
el desierto

اورشیندی
....
el volcán

كلا
....
el castillo

رنګین کمان
....
el arco iris

مرخیړي
....
el champiñón

پلم ونه
....
la palmera

ماشي
....
el mosquito

الوتل
....
la mosca

میږی
....
la hormiga

مچۍ
....
la abeja

غوندۍ/جو لا
....
la araña

كونگكت

el escarabajo

چونگبش‌ه

la rana

نولى

la ardilla

زیرگى

el erizo

سوى

la liebre

كونگ

la lechuza

مرغى

el pájaro

قازه

el cisne

نرخوک

el jabalí

هوسى

el ciervo

گاوزه

el alce

بند

la presa

بادي توربين

el aerogenerador

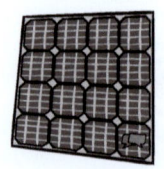

سولار تختى

el panel solar

اقليم

el clima

ریسټورانټ
el restaurante

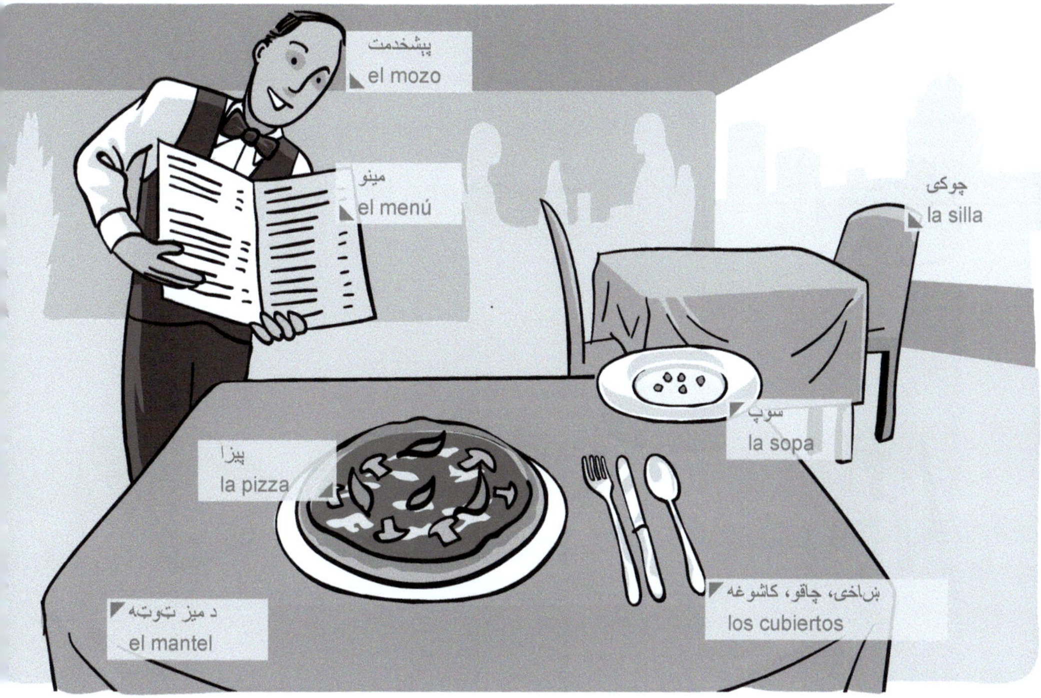
پیشخدمت
el mozo
مینو
el menú
چوکۍ
la silla
سوپ
la sopa
پیزا
la pizza
د میز ټوټه
el mantel
ښاخۍ، چاقو، کاشوغه
los cubiertos

ستارټر

la entrada

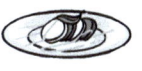

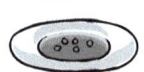

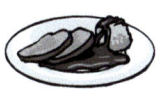

اصلي خواړه

el plato principal

شیریني

el postre

څښاک

las bebidas

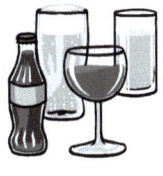

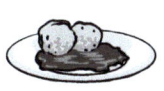

خواړه

la comida

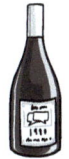

بوتل

la botella

فاست فود

la comida rápida

د کوڅي خواره

la comida callejera

چای جوش

la tetera

قندائی

la azucarera

برخه

la porción

اسپرسو مشین

la cafetera expreso

لوړه چوکی

la sillita alta

رسید

la cuenta

مجمه

la bandeja

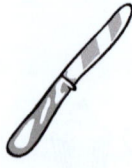

چاکو

el cuchillo

پنجه

el tenedor

قاشق

la cuchara

چای قاشق

la cucharita

سورویت

la servilleta

گلاس

el vaso

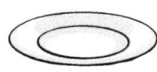

پلیټ

el plato

د سوپ پلیټ

el plato hondo

نالبکی

el plato

ساس

la salsa

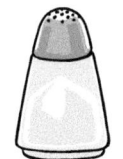

مالګه شیندونکی

el salero

د مرچ ټکولو لوخی

el molinillo de pimienta

سرکه

el vinagre

غوړي

el aceite

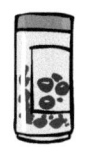 

مساله

las especias

کچ اپ

el kétchup

شرشم

la mostaza

چکه

la mayonesa

لوی پلورنځی

el supermercado

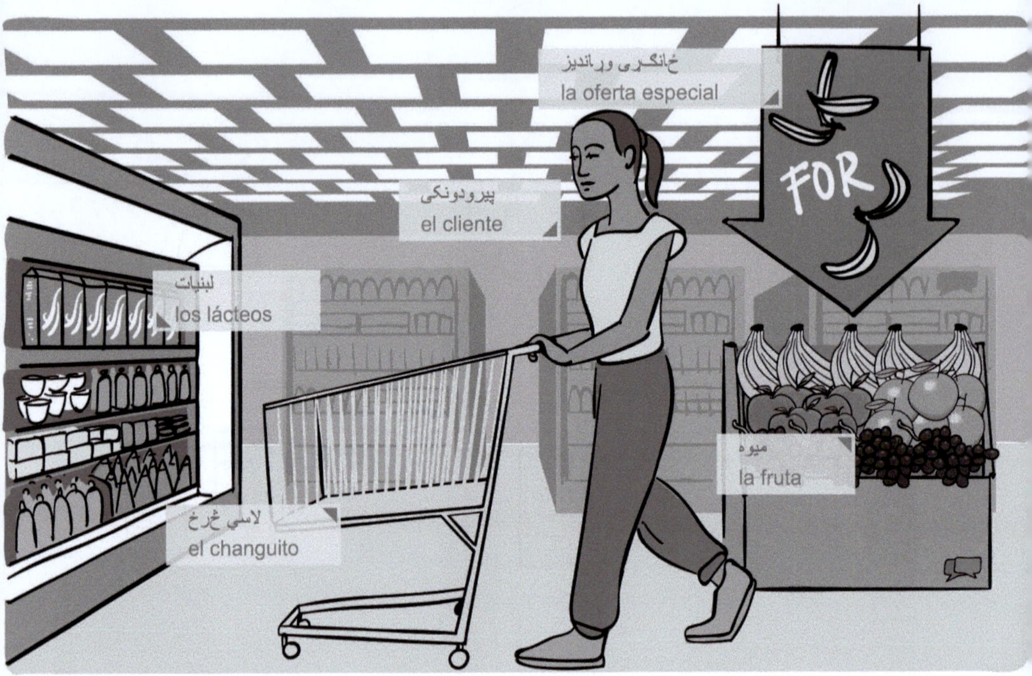

ځانګړی وړاندیز
la oferta especial
FOR
پیرودونکی
el cliente
لبنیات
los lácteos
میوه
la fruta
لاسي څرخ
el changuito

BUTCHERS

قصابي

la carnicería

BAKERY

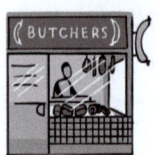

نانوایی

la panadería

وزن کول

pesar

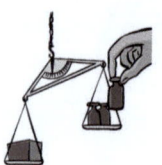

سبزیجات

las verduras

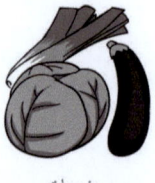

غوښه

la carne

کنګل خواړه

los alimentos congelados

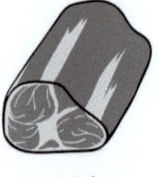

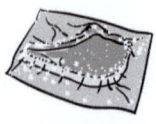

یخه غوښه

los fiambres

کنسروا خواره

los alimentos enlatados

د مینځلو پوډر

el detergente en polvo

شیریني

las golosinas

کورني تولیدات

los electrodomésticos

د پاکولو محصولات

los productos de limpieza

د پلور فرد

la vendedora

د نغدي راجستر

la caja

صراف

el cajero

د پیرود لیست

la lista de compras

کاري ساعتونه

el horario de atención

بټوه

la billetera

کریډیت کارت

la tarjeta de crédito

کڅوړه

la cartera

پلاستیک کڅوړه

la bolsa de plástico

las bebidas

اوبہ

el agua

جوس

el jugo

شیدہ

la leche

کوک

la bebida cola

واین

el vino

بیر

la cerveza

الکول

el alcohol

ککاو

el cacao

چای

el té

کافی

el café

اسپرسو

el café expreso

کپچینو

el cappuccino

كيله
la banana

منه
la manzana

نارنج
la naranja

هندوانه
el melón

ليمو
el limón

گازره
la zanahoria

هووره
el ajo

بانكس
el bambú

پياز
la cebolla

مرخيري
el champiñón

چغزى
las nueces

آش
los fideos

سپیگتي
los tallarines

وریجي
el arroz

سلاد
la ensalada

چپس
las papas fritas

سره کري کچالو
las papas fritas

پیزا
la pizza

همبرګر
la hamburguesa

ساندویچ
el sándwich

کتره
el churrasco

د پتون غوښه
el jamón

سلمي
el salame

ساسج
la salchicha

چرګ
el pollo

روسټ
el asado

کب
el pescado

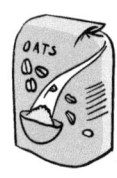

د وربشی شیرني
....
los copos de avena

موسلي
....
el muesli

د جوار پلی
....
los copos de maíz

اوره
....
la harina

کروسانت
....
la medialuna

د دودی رول
....
el pancito

دودی
....
el pan

ټوسټ
....
la tostada

بسکیټ
....
las galletitas

کوچ
....
la manteca

چکه
....
la cuajada

کیک
....
la torta

هګی
....
el huevo

پنیی هګی
....
el huevo frito

پنیر
....
el queso

آیس کریم

el helado

بوره

el azúcar

شهد

la miel

مربا

la mermelada

نوگات کریم

la pasta de chocolate

کورکمان

el curry

la granja

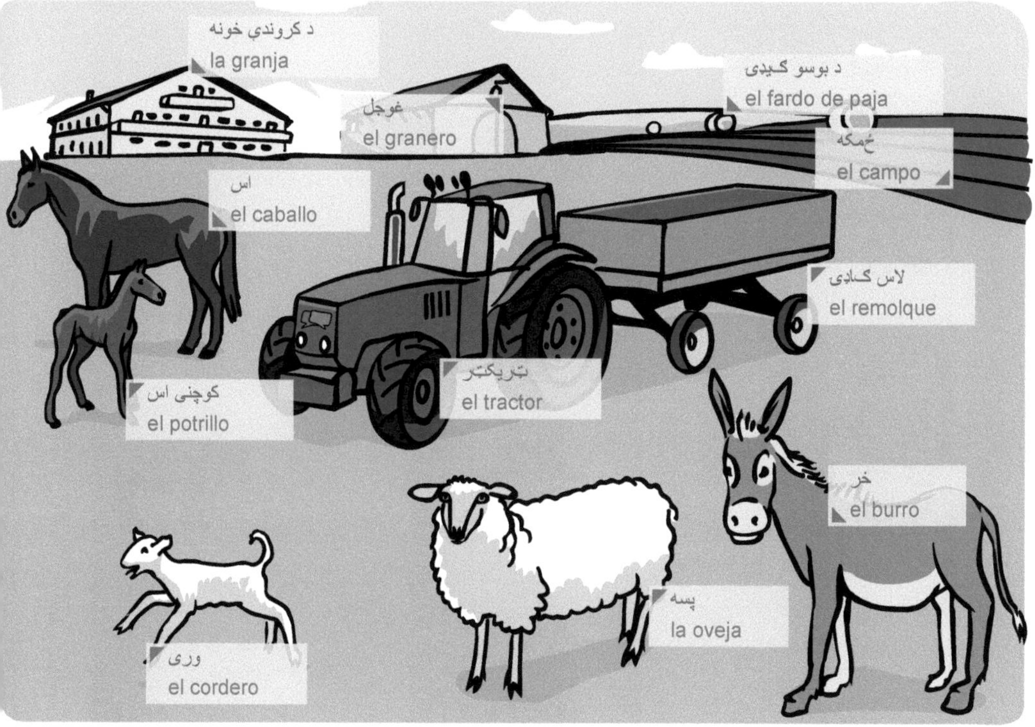
د کروندي خونه
la granja
د بوسو گیډی
el fardo de paja
غوجل
el granero
خمکه
el campo
اس
el caballo
لاس گاډی
el remolque
کوچنی اس
el potrillo
تریکتر
el tractor
خر
el burro
پسه
la oveja
وری
el cordero

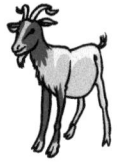

وزه

la cabra

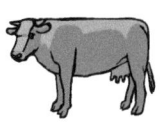

غوا

la vaca

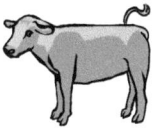

خوسکی

el ternero

خوګ

el cerdo

د خوګ بچی

el lechón

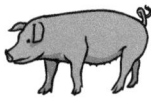

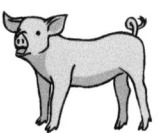

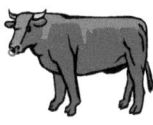

غویی

el toro

بتہ

el ganso

هيلی

el pato

چرگوری

el pollo

چرگه

la gallina

بانگي

el gallo

ساری موږک

la rata

پيشک

el gato

موږک

el ratón

غويی

el buey

سپی

el perro

د سپي خونه

la cucha

د باغ هوز

la manguera

د اوبو لوخی

la regadera

لور (داس)

la guadaña

یوی

el arado

لور

la hoz

رمبی

la azada

بشاخی

la horquilla

تبر

el hacha

کراچی

la carretilla

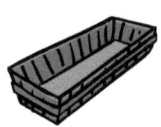

ناوه

el abrevadero

د شیدو لوخی

la lechera

جوال

la bolsa

کتاره

la reja

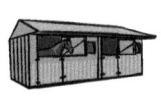

مضبوط

el establo

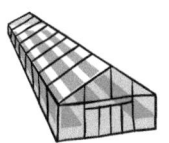

شنه خونه

el invernadero

خاوره

el suelo

تخم

la semilla

سره/کود

el fertilizador

گد ریبونکی ماشین

la cosechadora

زیرمه کول

cosechar

درمند

la cosecha

خواږه کچالو

las batatas

غنم

el trigo

سویا

la soja

کچالو

la papa

جوار

el maíz

نباتي تخم

la semilla de colza

د میوي ونه

el árbol frutal

مانیوک

la mandioca

غله

los cereales

کور
la casa

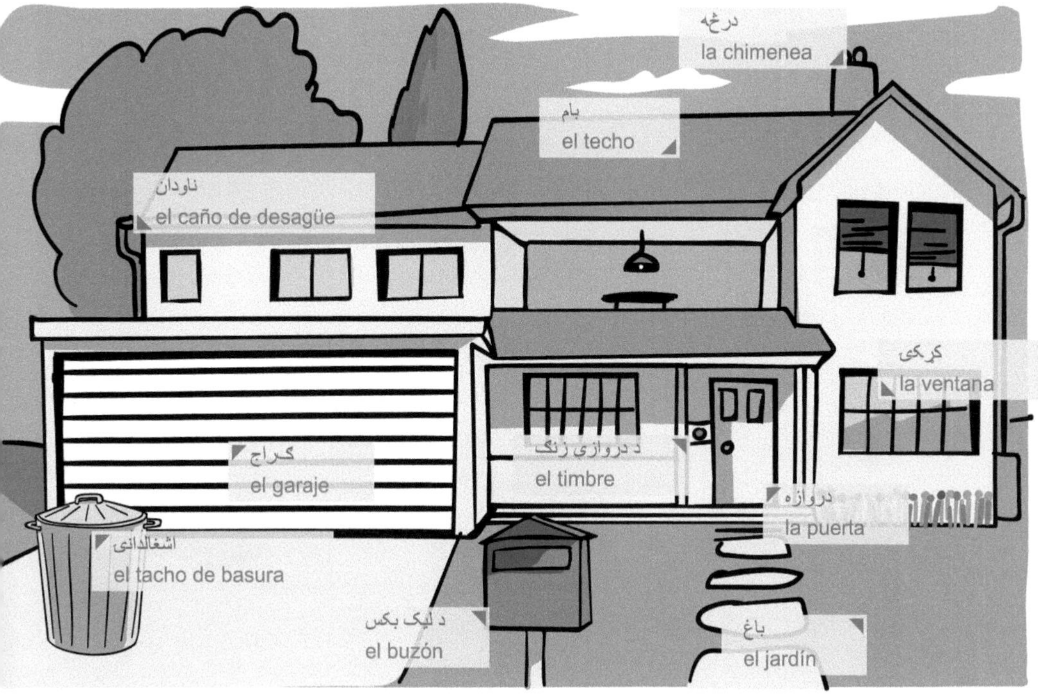
درځه
la chimenea
بام
el techo
ناودان
el caño de desagüe
کړکۍ
la ventana
ګراج
el garaje
د دروازې زنګ
el timbre
دروازه
la puerta
اشغالدانی
el tacho de basura
د لیک بکس
el buzón
باغ
el jardín

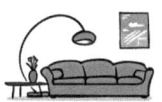

د اوسیدو خونه

el living

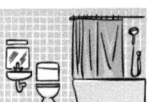

حمام

el baño

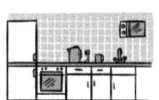

پخلنځی

la cocina

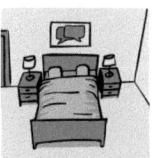

د ویده کیدو خونه

el dormitorio

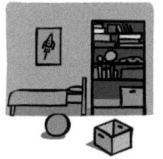

د ماشوم خونه

el cuarto de los chicos

د خوړو خونه

el comedor

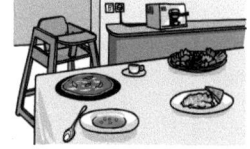

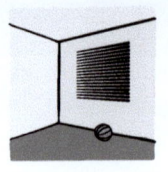

فرش

el piso

ديوال

la pared

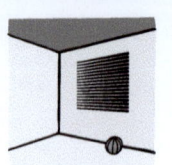

چت

el cielorraso

زيرخانه

el sótano

سونا

el sauna

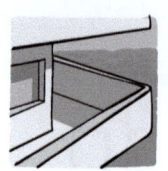

بالكوني

el balcón

بتراس

la terraza

حوض

la pileta

د چمن وهلو ماشين

la cortadora de pasto

شيت

la sábana

روجايي

el acolchado

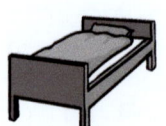

تخت

la cama

جارو

la escoba

بوكه

el balde

سويچ

el interruptor

el living

والپیپر
el empapelado
عکس
la imagen
لامپ
la lámpara
شیلف
el estante
الماری
el armario
تلویزیون
la televisión
نغری
la chimenea
ګل
la flor
بالښت
el almohadón
صوفه
el sofá
ګلدانی
el florero
ریموټ کنټرول
el control remoto

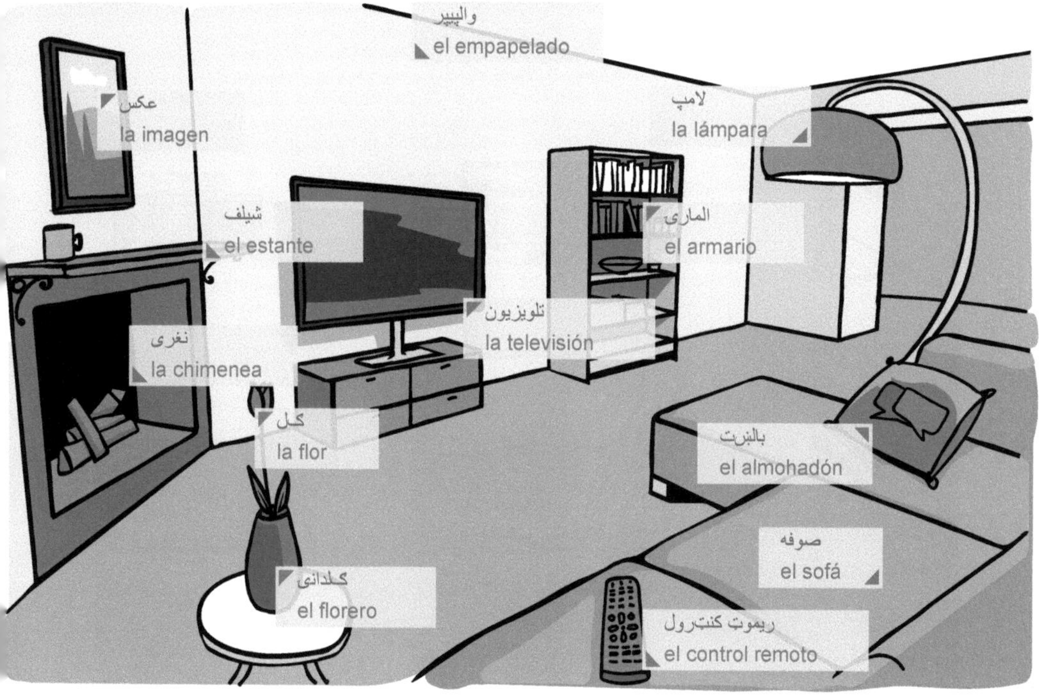

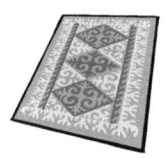

غالی

la alfombra

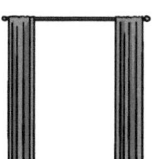

پرده

la cortina

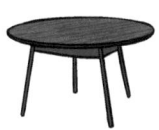

میز

la mesa

چوکی

la silla

تاویدونکي چوکی

la mecedora

بازو لرونکی چوکی

el sillón

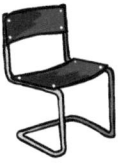

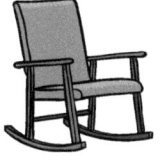

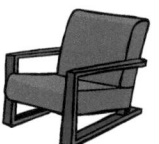

كتاب

el libro

كمبل

la frazada

ديكوريشن

la decoración

د اور لرګي

la leña

فلم

la película

هايفاى

el equipo de música

كلي

la llave

ورځپاڼه

el diario

نقاشي

la pintura

پوسټر

el póster

رادیو

la radio

كتابچه

el cuaderno

واكيوم جارو

la aspiradora

كاكتوس

el cactus

شمع

la vela

پخلنځی
la cocina

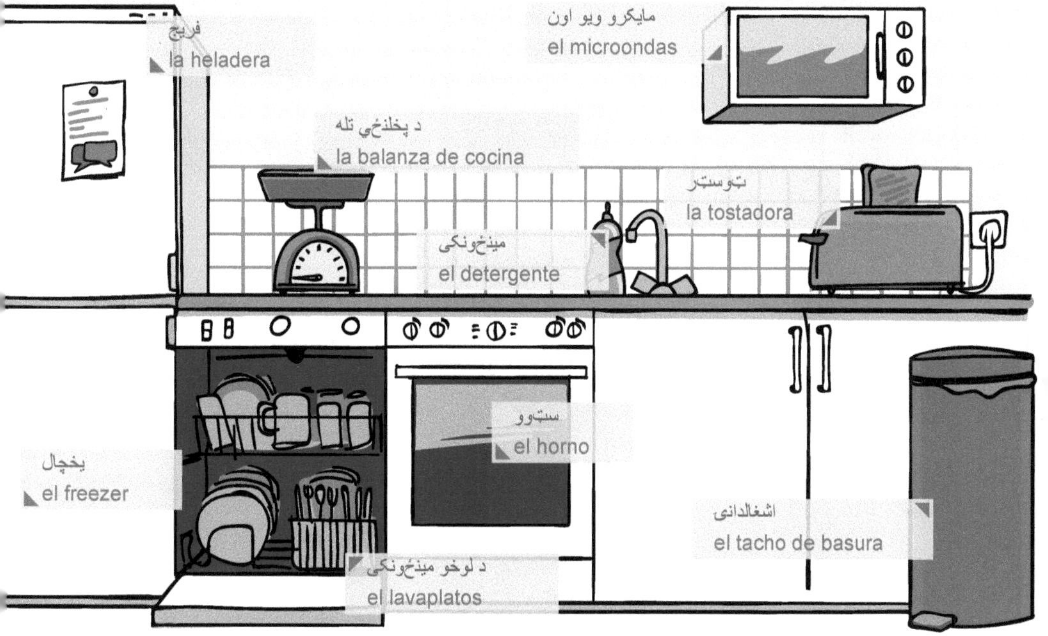

فریج
la heladera
مایکرو ویو اون
el microondas
د پخلنځي تله
la balanza de cocina
ټوسټر
la tostadora
مینځونکی
el detergente
سټوو
el horno
یخچال
el freezer
اشغالدانی
el tacho de basura
د لوخو مینځونکی
el lavaplatos

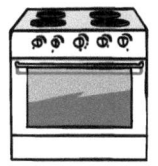

دیګ بخار

la cocina

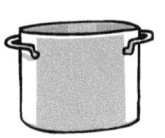

لوخی

la olla

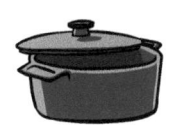

چدني لوخی

la olla de hierro fundido

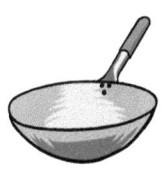

ووک

el wok

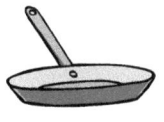

د تلي په

la sartén

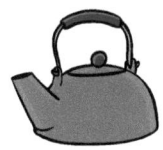

چای جوش

la pava

د بخار ديگ

la vaporera

پتنوس

la bandeja de horno

لوخي

la vajilla

مگ

la taza

كاسه

el bol

د رانيولو اوزار

los palitos

څمڅۍ

el cucharón

كفګير

la espátula

پاكونكى

la batidora

صافي

el colador

غلبيل

el colador

كـريتر

el rallador

اونگ

el mortero

بار بي كيو

la parrilla

خلاص اور

la fogata

تخته

la tabla de picar

هوارونکی

el palo de amasar

کارک سکريو

el sacacorchos

ټين

la lata

د ټين خلاصونکی

el abrelatas

د لوخي ټوټه

la manopla

ظرف شوی

la pileta

برس

el cepillo

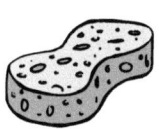

سپنج

la esponja

بليندر

la batidora

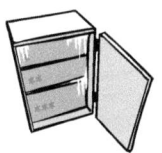

ژور يخچال

el congelador

د ماشوم بوتل

la mamadera

نل

la canilla

حمام

el baño

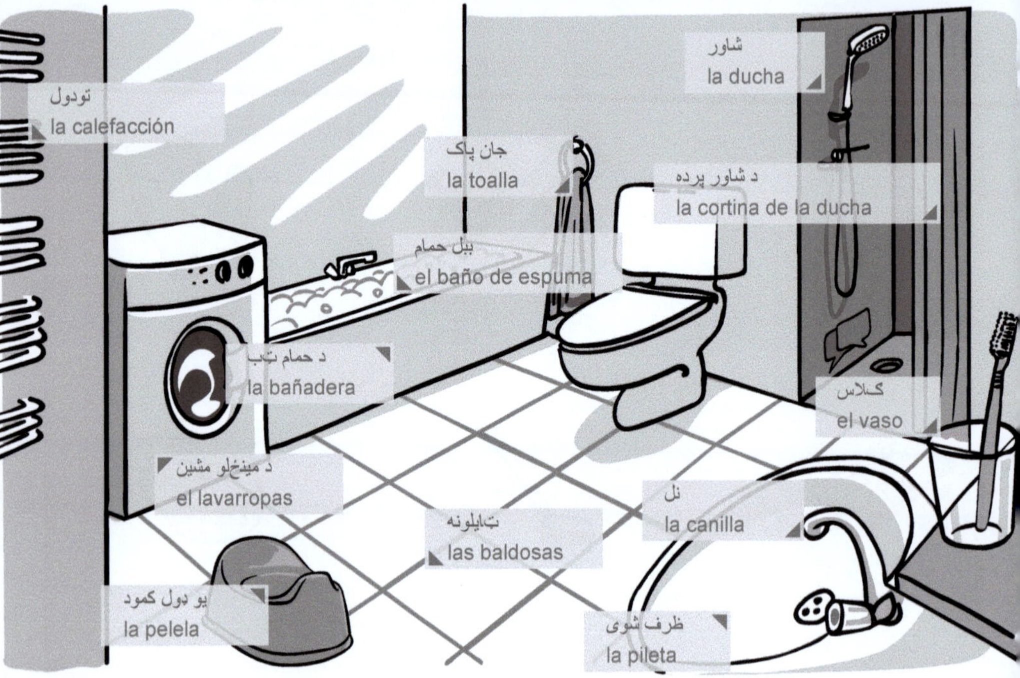

تودول
la calefacción
جان پاک
la toalla
شاور
la ducha
د شاور پرده
la cortina de la ducha
ببل حمام
el baño de espuma
د حمام ټب
la bañadera
ګلاس
el vaso
د مینځلو مشین
el lavarropas
نل
la canilla
ټایلونه
las baldosas
یو ډول کمود
la pelela
ظرف شوی
la pileta

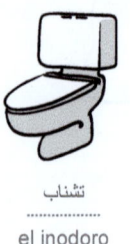

تشناب

el inodoro

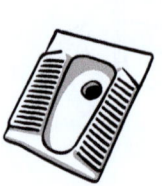

فرشي كمود

la letrina

كمود

el bidé

د متیازو ځای

el mingitorio

تشناب كاغذ

el papel higiénico

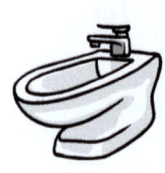

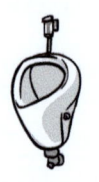

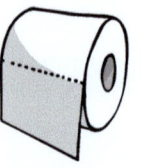

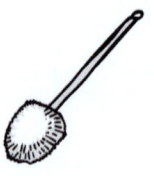

د تشناب برس

el cepillo para el inodoro

د غاښونو برس

el cepillo de dientes

د غاښونو کریم

el dentífrico

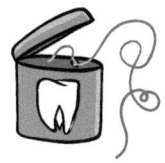

د غاښونو نخ

el hilo dental

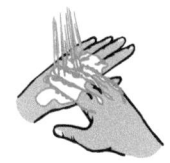

مینځل

lavar

لاسي شاور

la ducha de mano

دوش

la ducha higiénica

خانک

la palangana

د شا برس

el cepillo para la espalda

صابون

el jabón

د شاور ژل

el gel de ducha

شامپو

el shampoo

فلانل جامه

la toallita

وچول

el desagüe

کریم

la crema

سپری

el desodorante

آینه

el espejo

لاسي آینه

el espejito

ریزر

la maquinita de afeitar

د خریلو فوم

la espuma de afeitar

د خریلو وروسته

el aftershave

ګمنځ

el peine

برس

el cepillo

د ویښتانو وچونکی

el secador de pelo

د ویښتانو سپری

el spray

میک اپ

el maquillaje

لیپ ستیک

el lápiz de labios

د نوکانو پالش

el esmalte para uñas

کاټن وری

el algodón

ناخن گیر

la tijera para uñas

عطر

el perfume

د مينځلو كڅوړه

el portacosméticos

سټول

la banqueta

د وزن کولو تله

la balanza

د حمام پوښاک

la bata

د ربړ دستکش

los guantes de goma

تامپون

el tampón

صحیی جان پاک

la toallita femenina

کیمیکل تشناب

el baño químico

د ماشوم خونه

el cuarto de los chicos

د الارم ساعت
el despertador
د لوبو وسایل
el peluche
د ناڅکي موټر
el coche de juguete
ريټل
el sonajero
د ناڅکو خونه
la casa de muñecas
ډالۍ
el regalo

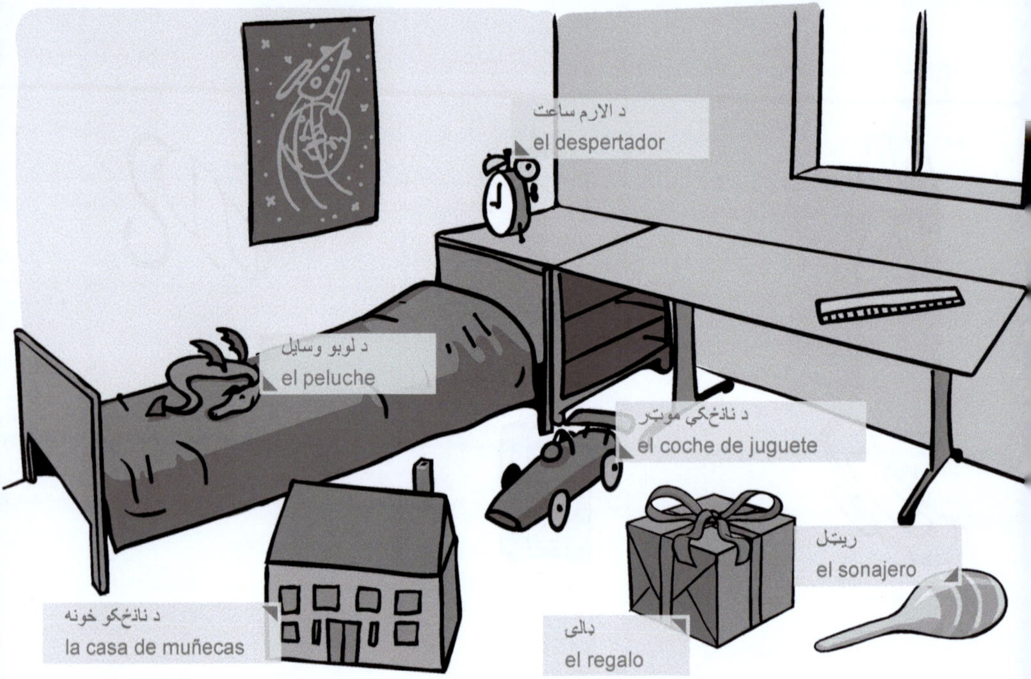

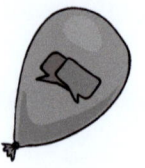

بالون

el globo

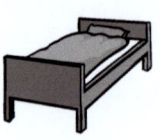

تخت

la cama

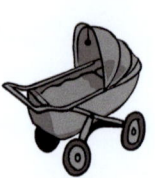

کالسکه

el cochecito

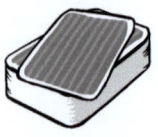

د لوبو ورقې

las cartas

جيګسا

el rompecabezas

SUPER MEGA

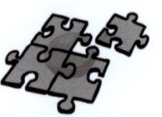

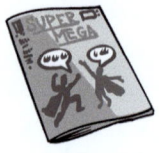

مسخره

la historieta

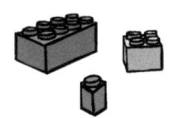

ليگو بريک

las piezas de lego

د ناذخکو بلاک

los ladrillos de juguete

د اكشن فيگـور

la figura de acción

د ماشوم پوښاک

el enterito (de bebé)

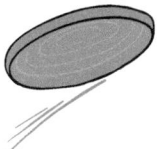

فريزبي

el frisbee

موبايل

el móvil para bebés

بورډ لوبه

el juego de mesa

تاس

los dados

مادل ريل سيت

el tren eléctrico

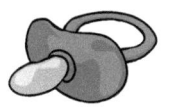

كـونگشى

el chupete

پارتي

la fiesta

د عكسونو البوم

el libro de cuentos ilustrado

بال

la pelota

ناذخکه

la muñeca

لوبيدل

jugar

د شگو کنده

el arenero

سوینگ

la hamaca

نانځکي

los juguetes

د ویدیو لوبو کنسول

la consola de videojuegos

ټرای سایکل

el triciclo

ګوډبه

el osito de peluche

د کالو الماری

el armario

la ropa

جرابي

las medias

لوري جرابي

las medias panty

ټایټس

las calzas

زروکی
la bufanda

چترۍ
el paraguas

تي شرټ
la remera

کمربند
el cinturón

بوټان
las botas

سلیپر
las pantuflas

سنیکر
las zapatillas

سینډل
las sandalias

بوټان
los zapatos

د ربر بوټان
las botas de goma

زیرنیکري
la ropa interior

سینه بند
el corpiño

واسکټ
el chaleco

بادي

el body

پتلون

los pantalones

جينز

los jeans

لمن

la pollera

بلاوز

la blusa

شرت

la camisa

بنيان

el pulóver

سويتر

el buzo

بليزر

el blazer

جاكت

la campera

كوت

el tapado

د باران كوت

el piloto

پوښاک

el traje

كالي

el vestido

د واده پوښاک

el vestido de novia

دريشي

el traje

د شپی پوښاک

el camisón

پاجامه

el pijama

ساري

el sari

لوپټه

el pañuelo para la cabeza

پټکی

el turbante

برقه

la burka

كفتن

el caftán

عبا

la abaya

د لامبو پوښاک

el traje de baño

نيكر

el short de baño

شارټ

los shorts

د خُغاستي پوښاک

el jogging

پيش بند

el delantal

دستكښ

los guantes

بتن

el botón

عینک

los anteojos

لاس بند

la pulsera

غاړه کی

el collar

ګوتمه

el anillo

غوږوالۍ

el aro

خولۍ

la gorra

کوټ بند

la percha

خولۍ

el sombrero

نښايي

la corbata

ځنځير

el cierre

هيلميت

el casco

تړونکی

los tiradores

د ښوونخي يونيفارم

el uniforme escolar

يونيفارم

el uniforme

بيب

el babero

گونکشی

el chupete

نيپي

el pañal

la oficina

سرور
el servidor

د دوسيه الماری
el archivero

پرينتر
la impresora

مانيټور
el monitor

ورق
el papel

ډيسک
el escritorio

ماوس
el mouse

فولډر
la carpeta

کي بورد
el teclado

چوکۍ
la silla

اشغالدانی
el tacho (de basura)

کمپيوټر
la computadora

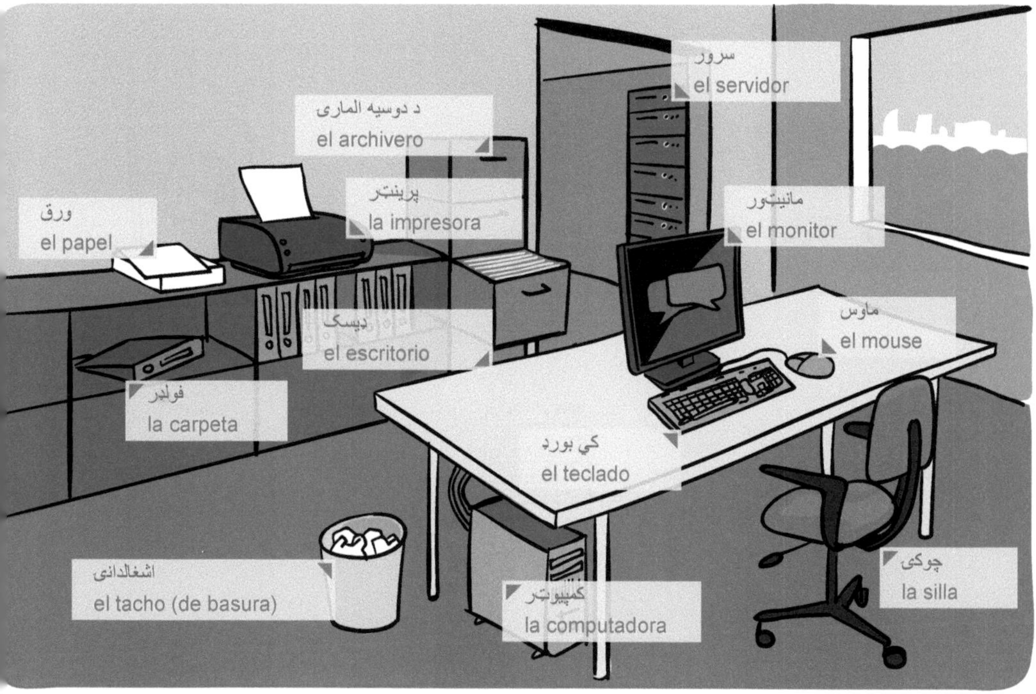

د کافي پياله

la taza de café

کالکوليټر

la calculadora

انټرنيټ

el internet

لپ ټاپ

la laptop

ليک

la carta

پيغام

el mensaje

موبايل

el celular

نيټوورک

la red

فوټوکاپير

la fotocopiadora

سافټوير

el software

تليفون

el teléfono

پلگ ساکټ

el tomacorriente

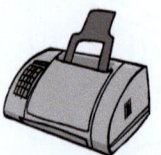

فکس مشين

el fax

فارم

el formulario

سند

el documento

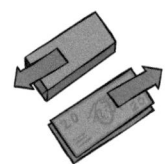

پیرل

comprar

تادیه کول

pagar

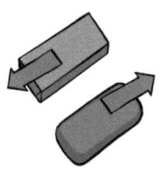

سوداگري کول

hacer negocios

پیسي

el dinero

ډالر

el dólar

یورو

el euro

ین

el yen

ربل

el rublo

سویسي فرانک

el franco suizo

رینیمینبي یوان

el yuan

روپۍ

la rupia

د نغدي پیسو خای

el cajero automático

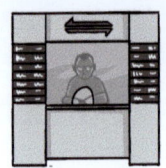

د اسعارو د تبادلي دفتر

la casa de cambio

سره زر

el oro

سپین زر

la plata

تیل

el petróleo

انرژي

la energía

نرخ

el precio

قرارداد

el contrato

مالیه

el impuesto

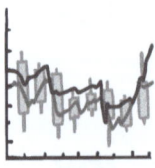

اسهام

la acción

کار کول

trabajar

کارمند

el empleado

کار ګومارونکی

el empleador

فابریکه

la fábrica

پلورنځی

el negocio

مسلکونه

las ocupaciones

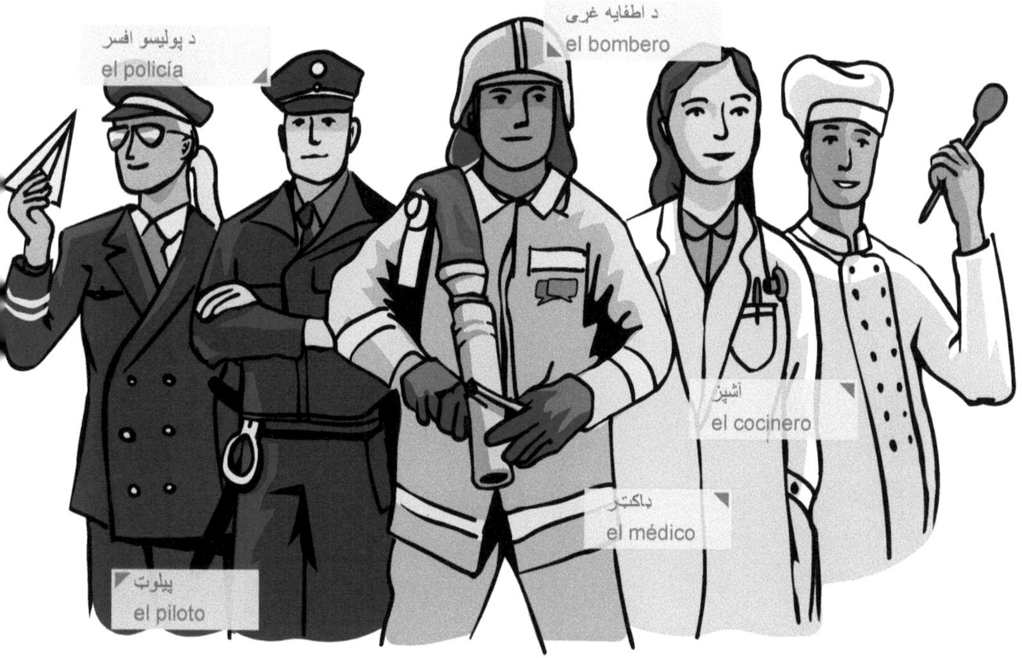

د پولیسو افسر
el policía
د اطفایه غړی
el bombero
آشپز
el cocinero
ډاکټر
el médico
پیلوټ
el piloto

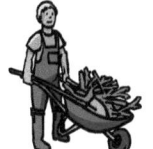

باغوان

el jardinero

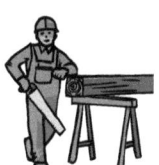

نجار

el carpintero

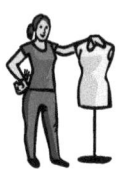

خیاط

la modista

قاضي

el juez

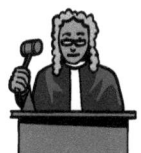

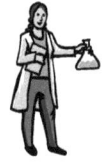

کیمیا پوه

el farmacéutico

د فلم لوبغاړی

el actor

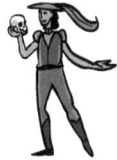

د بس ډرايور

el colectivero

د ټيکسي ډرايور

el taxista

کب نيونکی

el pescador

خدمه

la mucama

بام جوړونکی

el techista

پيشخدمت

el mozo

ښکاري

el cazador

نقاش

el pintor

نانوا

el panadero

د برېښنا کارکونکی

el electricista

تعمير جوړونکی

el albañil

انجنير

el ingeniero

قصاب

el carnicero

نلدوان

el plomero

پوست رسونکی

el cartero

سرتیری

el soldado

مهندس

el arquitecto

صراف

el cajero

مالیار

el florista

نایی

el peluquero

کلیندر

el cobrador

میکانیک

el mecánico

کپتان

el capitán

د غابرونو داکتر

el dentista

ساینس پوه

el científico

ش‌اغلی

el rabino

امام

el imán

مذهبي نفر

el monje

پادري

el sacerdote

لوازم
las herramientas

څټکی
el martillo
پلاس
la tenaza
پیچکش
el destornillador
رینچ
la llave
څراغ
la linterna

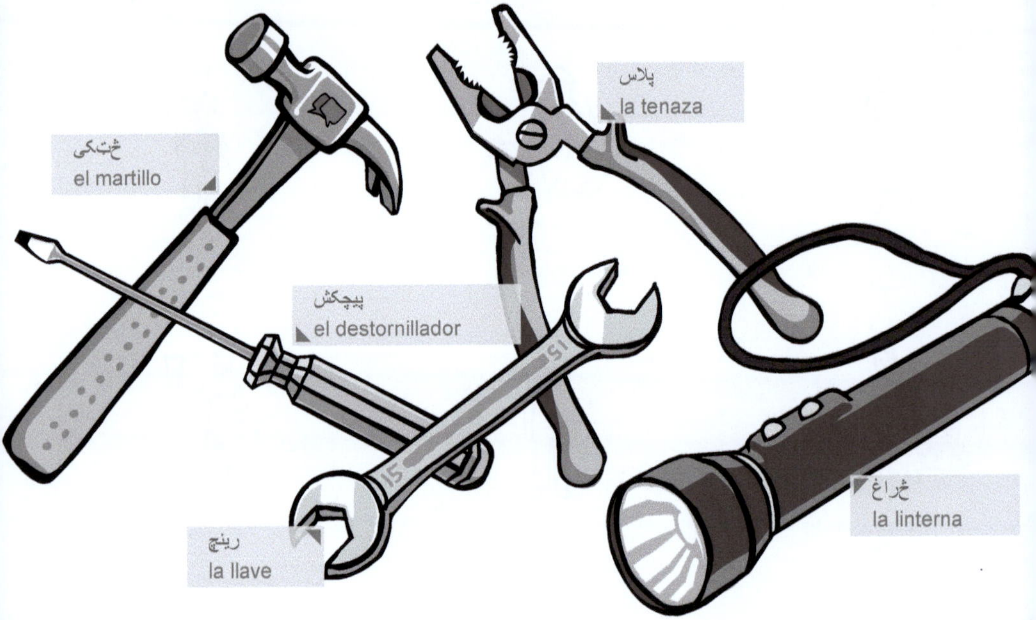

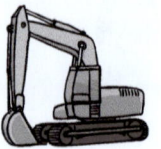

کنستونکی
....
la excavadora

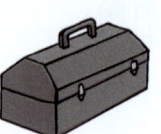

د لوازمو بکس
....
la caja de herramientas

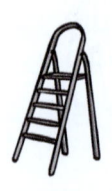

زینه
....
la escalera portátil

اره
....
la sierra

میخونه
....
los clavos

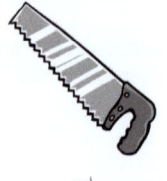

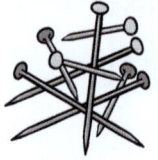

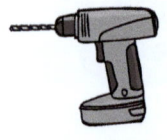

برمه
....
el taladro

ترميم کول

arreglar

بيل

la pala de jardín

لعنت!

¡Qué bronca!

خاک انداز

la pala de plástico

مشواڼی

el tacho de pintura

پیچونه

los tornillos

د میوزیک آلات

los instrumentos musicales

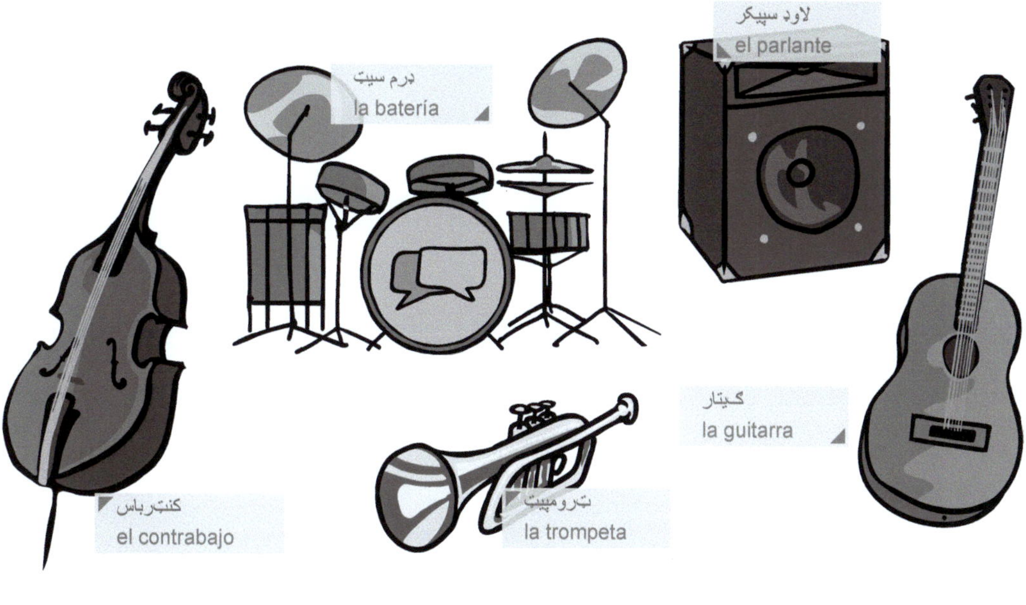

درم سیټ
la batería

لاود سپیکر
el parlante

گیتار
la guitarra

کنټرباس
el contrabajo

ترومپیټ
la trompeta

پیانو

el piano

وایلن

el violín

باس

el bajo

نغاره

los timbales

درمونه

el tambor

کي بورد

el teclado

سیکسافون

el saxofón

شپیلی

la flauta

مایکروفون

el micrófono

ژوبڼ
el zoológico

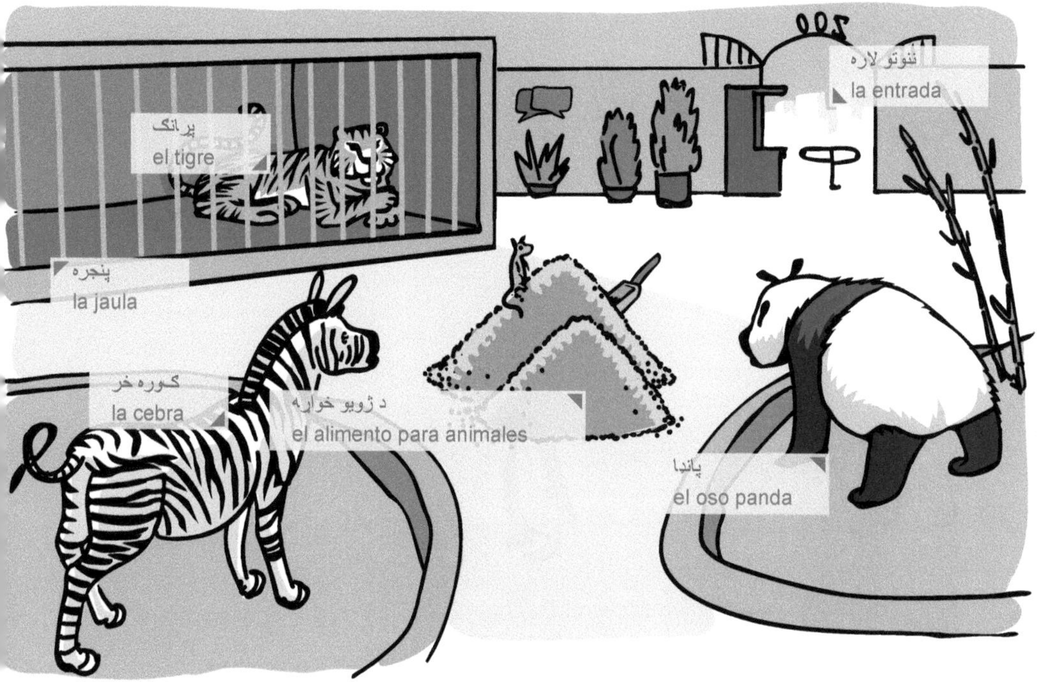

ننوتو لاره
la entrada
پړانګ
el tigre
پنجره
la jaula
ګوره خر
la cebra
د ژويو خواره
el alimento para animales
پاندا
el oso panda

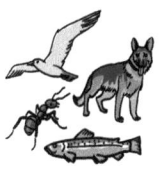

ژوی
....
los animales

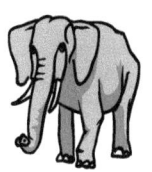

هاتي
....
el elefante

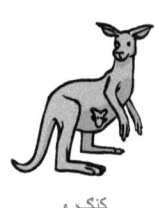

کنګرو
....
el canguro

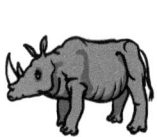

د اوبو اسپ
....
el rinoceronte

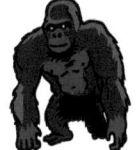

ګوريلا
....
el gorila

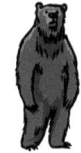

ايږه
....
el oso

اوښ

el camello

شترمرغ

el avestruz

زمری

el león

بيزو

el mono

غزی

el flamenco

طوطي

el loro

قطبي ايره

el oso polar

پینگوین

el pingüino

شارک

el tiburón

طاوس

el pavo real

مار

la serpiente

تمساح

el cocodrilo

ژوبن ساتونکی

el cuidador del zoológico

سيل

la foca

جګوار

el jaguar

يابو

el poni

پرانگ

el leopardo

هيپو

el hipopótamo

زرافه

la jirafa

باز

el águila

نرخوک

el jabalí

کب

el pescado

شمشتی

la tortuga

سمندري نولی

la morsa

کيدره

el zorro

هوسی

la gacela

امریکایی فټبال
el fútbol americano

سایکل خپغلول
el ciclismo

ټینیس
el tenis

باسکیتبال
el básquet

لامبو
la natación

باکسینګ
el boxeo

د کنګل هاکي
el hockey sobre hielo

فټبال
el fútbol

کسیزه
el bádminton

د خغاستي لوبی
el atletismo

د هندبال
el handball

سکي
el esquí

پولو
el polo

las actividades

خندل
reír
ټوپ وهل
saltar
غاړه ورکول
abrazar
ګرځېدل
caminar
سندرې ويل
cantar
خوب ليدل
soñar
عبادت کول
rezar
مچ کول
besar

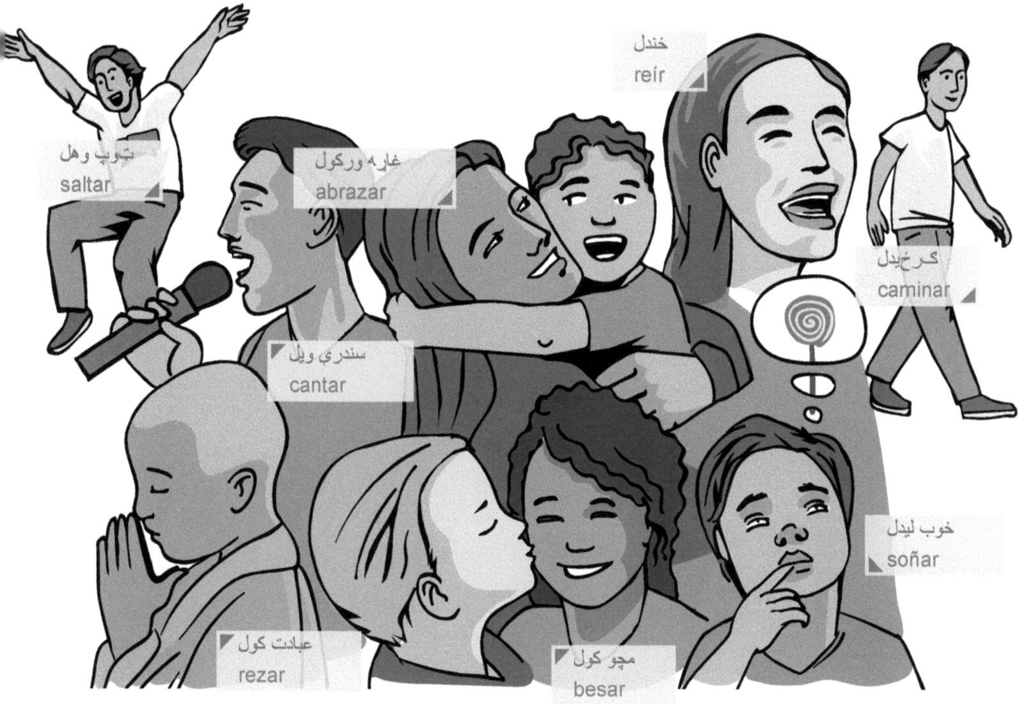

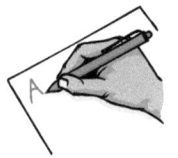

ليکل

escribir

کښل

dibujar

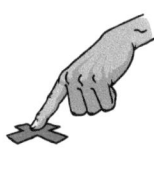

ښودل

mostrar

ټېله کول

presionar

ورکول

dar

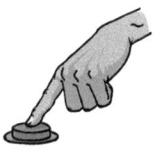

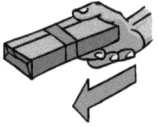

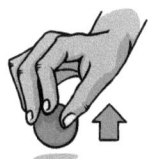

اخيستل

tomar

درلودل

tener

کول

hacer

پاییدل

ser

ودریدل

estar parado

منډی وهل

correr

راکښل

tirar

کوزارل

tirar

لویدل

caer

څملاستل

estar acostado

انتظار کول

esperar

وړل

llevar

کښېناستل

estar sentado

پوښاک اغوستل

vestirse

ویده کیدل

dormir

پاڅیدل

despertar

كتل

mirar

ژړل

llorar

بريد كول

acariciar

ګڼمنځ كول

peinar

خبري كول

hablar

پوهيدل

entender

غوښتل

preguntar

اوريدل

escuchar

څښل

beber

خورل

comer

پاكول

ordenar

مينه كول

amar

پخلى كول

cocinar

موټر چلول

manejar

الوتل

volar

بيرى چلول

navegar

حساب

calcular

لوستل

leer

زده کول

aprender

کار کول

trabajar

واده کول

casarse

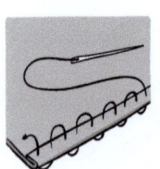

گنډل

coser

د غاښونو برس کول

cepillarse los dientes

وژل

matar

سگرت څښل

fumar

لیږل

enviar

la familia

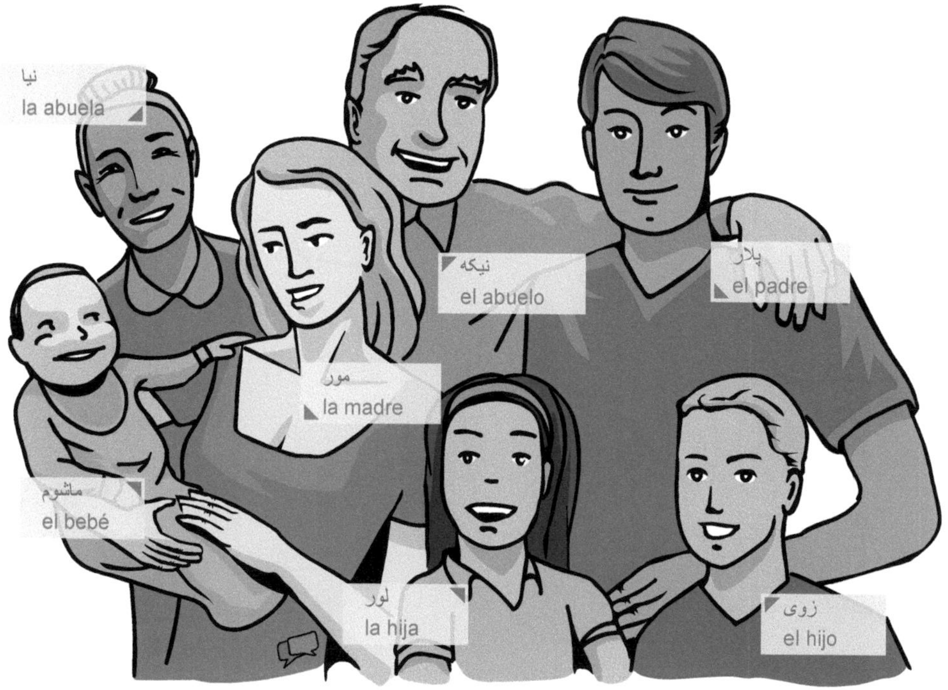
نیا
la abuela
نیکه
el abuelo
پلار
el padre
مور
la madre
ماشوم
el bebé
لور
la hija
زوی
el hijo

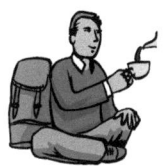

میلمه
....
el invitado

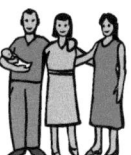

ترور
....
la tía

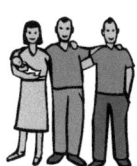

کاکا/ماما
....
el tío

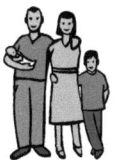

ورور
....
el hermano

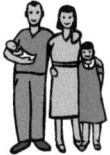

خور
....
la hermana

بدن

el cuerpo

تندی
la frente
سترګي
el ojo
اوږه
el hombro
ګوته
el dedo
مخ
la cara
زنه
la pera
لاس
la mano
سینه
el pecho
پښه
la pierna
مټ
el brazo

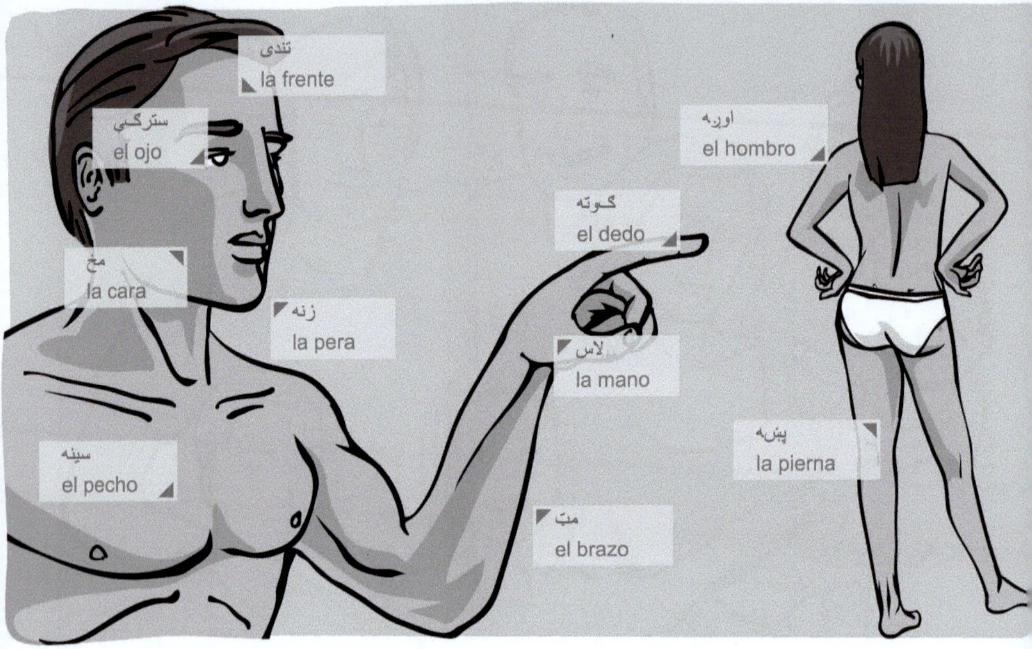

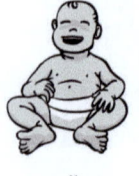

ماشوم

el bebé

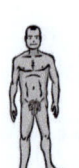

سړی

el hombre

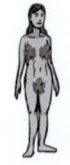

ښځه

la mujer

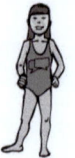

انجلۍ

la nena

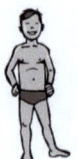

هلک

el nene

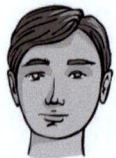

سر

la cabeza

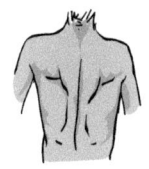

شا
....
la espalda

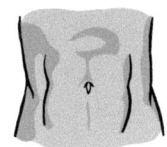

خيټه
....
la panza

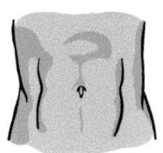

نوم
....
el ombligo

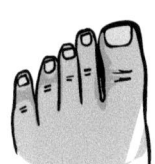

د پښي ګوته
....
el dedo del pie

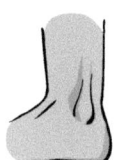

پونده
....
el talón

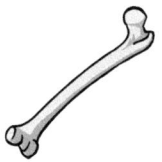

هډوکی
....
el hueso

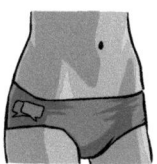

کوناتی
....
la cadera

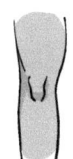

زنګون
....
la rodilla

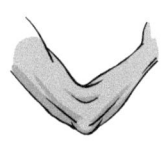

څنګل
....
el codo

پوزه
....
la nariz

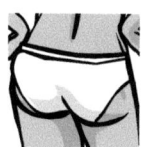

لاندي برخه
....
la cola

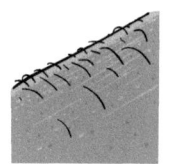

پوستکی
....
la piel

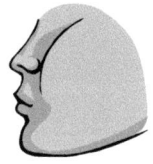

غومبوری
....
el cachete

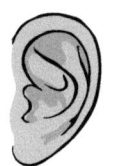

غوږ
....
la oreja

ثونډه
....
el labio

خوله

la boca

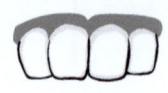

غاښ

el diente

ژبه

la lengua

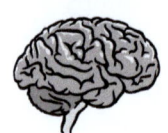

مغز

el cerebro

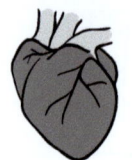

زره

el corazón

عضله

el músculo

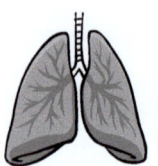

سږی

el pulmón

خيگر

el hígado

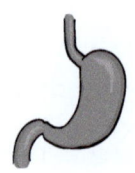

معده

el estómago

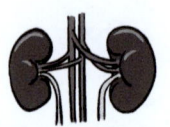

پښتورګي

los riñones

جنسي نږدي والی

el sexo

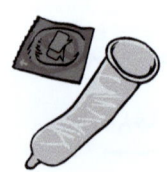

کاندوم

el preservativo

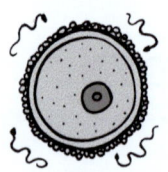

تخمه

el óvulo

منی

el semen

حمل

el embarazo

بدن - el cuerpo

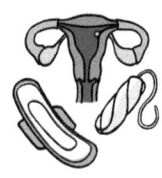

حيض

la menstruación

مهبل

la vagina

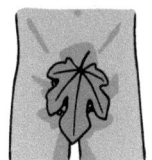

د نارينه تناسلي آله

el pene

وروځی

la ceja

ویښته

el pelo

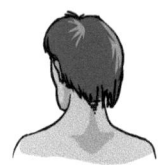

غاړه

el cuello

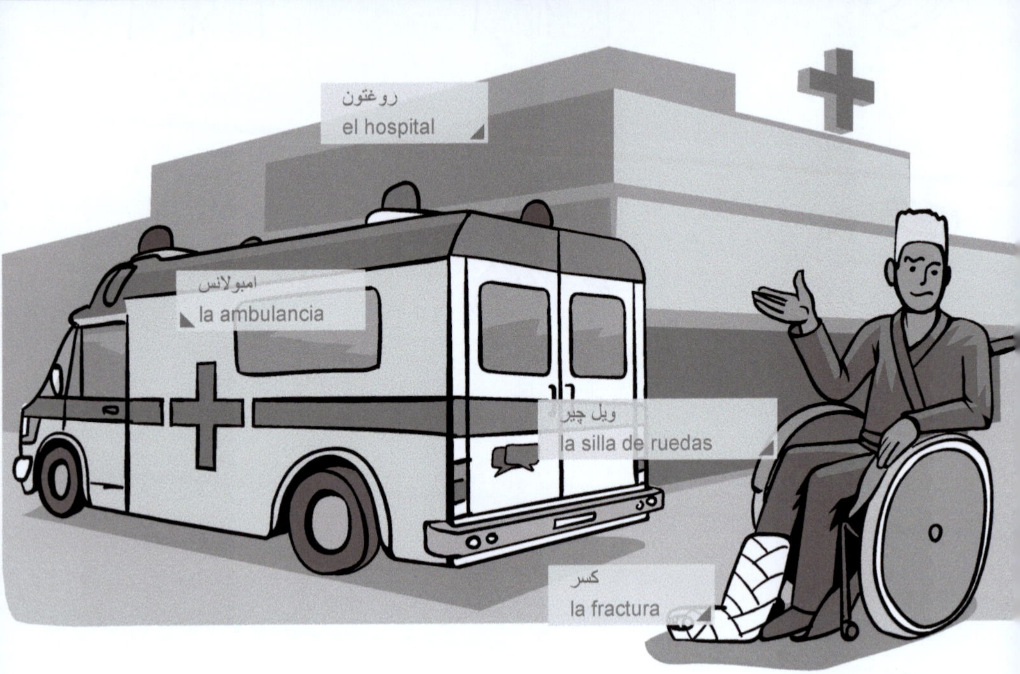

روغتون
el hospital

روغتون
el hospital
امبولانس
la ambulancia
ويل چير
la silla de ruedas
كسر
la fractura

ډاکټر

el médico

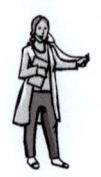

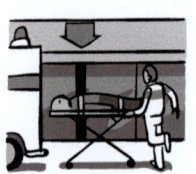

عاجل خونه

la sala de guardia

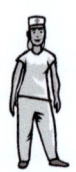

رنځورپال

la enfermera

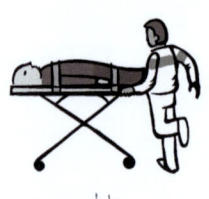

عاجل

la emergencia

بي هوش

inconsciente

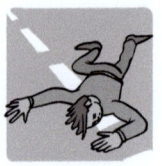

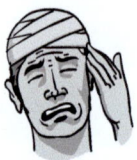

درد

el dolor

پتِ

la lesión

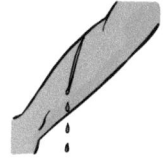

وينه تويدل

la hemorragia

د زړه حمله

el infarto

ضرب

el ACV

حساسيت

la alergia

ټوخی

la tos

تبه

la fiebre

انفلوينزا

la gripe

نس ناستی

la diarrea

سر درد

el dolor de cabeza

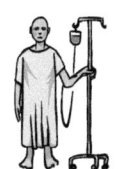

سرطان

el cáncer

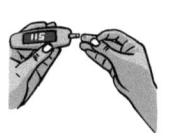

شکر

la diabetes

جراح

el cirujano

سکالپل

el bisturí

عمليات

la operación

سیرتبي

la TC

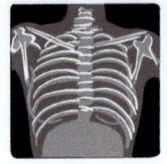

ایکس ری

los rayos x

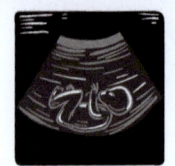

الترا ساوند

la ecografía

د مخ ماسک

el barbijo

ناروغي

la enfermedad

انتظار خونه

la sala de espera

امساآ

la muleta

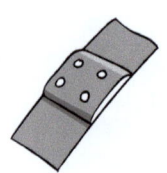

پلستر

la curita

بنداژ

la venda

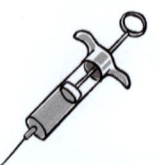

تزریق

la inyección

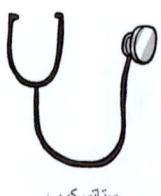

ستاتسکوپ

el estetoscopio

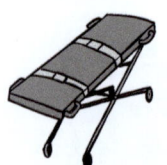

تسکیره

la camilla

کلینکي ترمامیتر

el termómetro

زیږون

el nacimiento

زیات وزن

el sobrepeso

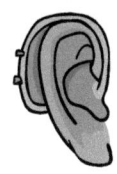

د اوریدو مرسته

el audífono

د عفونيت څخه پاکونکي مواد

el desinfectante

عفونيت

la infección

ويروس

el virus

ايچ.آي.وي/ايدز

el VIH / SIDA

درمل

el remedio

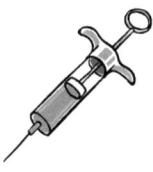

واکسين

la vacunación

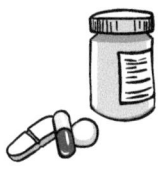

ټابلیټس

los comprimidos

کولی

la pastilla anticonceptiva

عاجل تلیفون

la llamada de emergencia

د وینې د فشار څارونکی

el tensiómetro

ناروغ/روغ

enfermo / sano

مرسته!

¡Ayuda!

الارم

la alarma

يرغل

la agresión

بريد

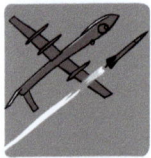

el ataque

خطر

el peligro

عاجل لاره

la salida de emergencia

اور!

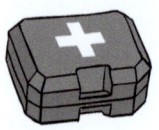

¡Fuego!

د اور وژونکی

el matafuego

پیښه

el accidente

د لومړی مرستي لوازم

el botiquín de primeros
auxilios

ايس.او.ايس

el SOS

پولیس

la policía

اروپا

Europa

شمالي امريکا

América del Norte

سهيلي امريکا

América del Sur

افريقا

África

آسيا

Asia

آسترّيليا

Australia

اتلانتيک

el Atlántico

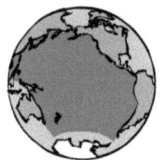

پاسيفيک

el Pacífico

د هند بحر

el Océano Índico

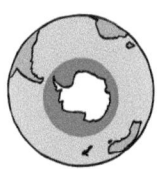

جنوبي منجمد بحر

el Océano Antártico

د شمال قطب بحر

el Océano Ártico

شمالي قطب

el polo norte

سهيلي قطب
....
el polo sur

انتىاركتىيكا
....
la Antártida

خِمكه
....
la Tierra

خِمكه
....
la tierra

بحر
....
el mar

نتىاپو
....
la isla

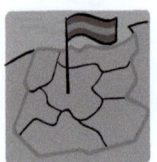

ملت
....
la nación

دولت
....
el estado

د مخي ساعت

la esfera

د ساعت ستنه

la manecilla de las horas

د دقیقي ستنه

el minutero

د ثانیی ستنه

el segundero

څه وخت دی؟

¿Qué hora es?

ورځ

el día

وخت

la hora

اوس

ahora

ديجيتل ساعت

el reloj digital

دقیقه

el minuto

ساعت

la hora

la semana

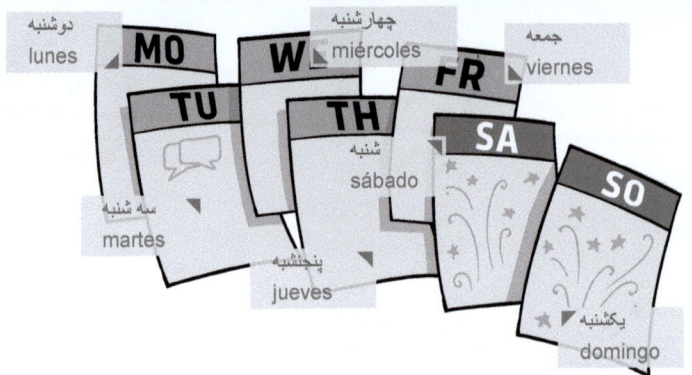

دوشنبه
lunes

چهارشنبه
miércoles

جمعه
viernes

سه‌شنبه
martes

شنبه
sábado

پنجشنبه
jueves

یکشنبه
domingo

پرون
ayer

نن
hoy

سبا
mañana

سهار
la mañana

غرمه
el mediodía

ماښام
la tarde

كاري ورځې
los días hábiles

د اونۍ پای
el fin de semana

کال

el año

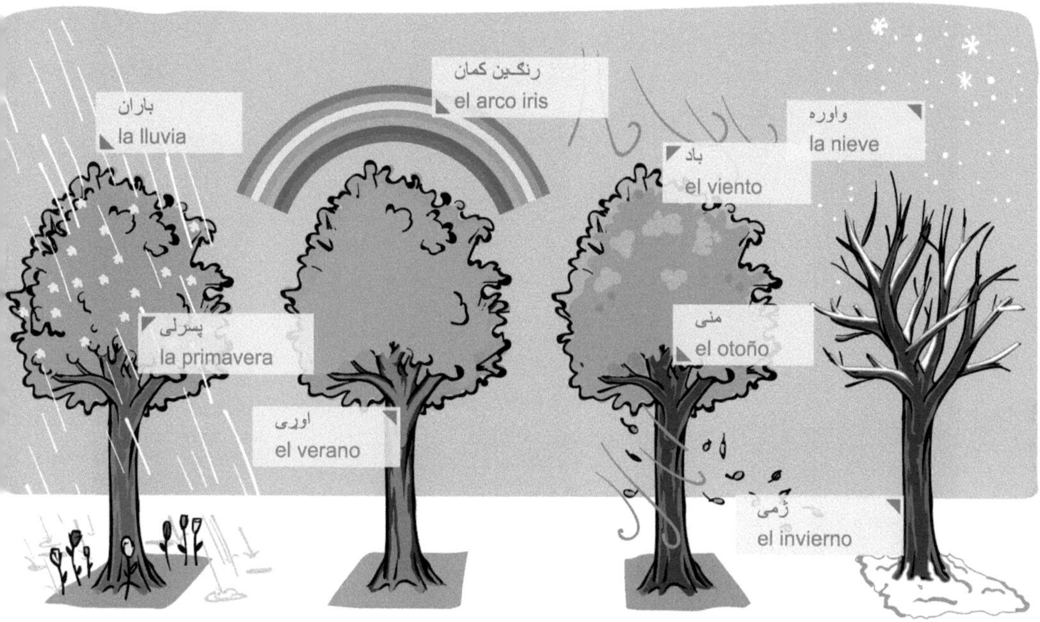

باران
la lluvia
رنګین کمان
el arco iris
واوره
la nieve
باد
el viento
پسرلی
la primavera
منی
el otoño
اوړی
el verano
ژمی
el invierno

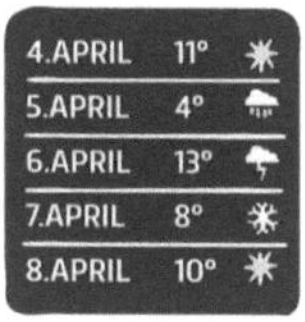

4.APRIL 11°
5.APRIL 4°
6.APRIL 13°
7.APRIL 8°
8.APRIL 10°

د موسم وړاندوینه

el pronóstico meteorológico

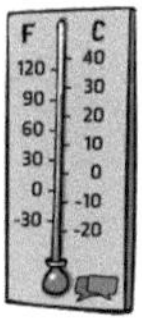

F
C
120
90
60
30
0
-30
40
30
20
10
0
-10
-20

ترمومیټر

el termómetro

د لمر وړانګې

la luz del sol

وریځ

la nube

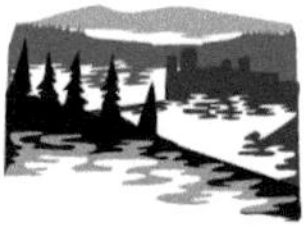

لړه

la niebla

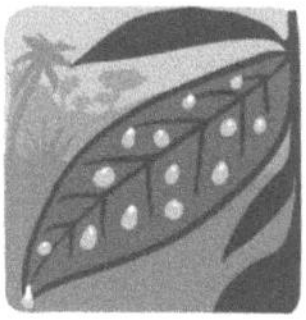

رطوبت

la humedad

رڼا

el rayo

تندر

el trueno

توفان

la tormenta

ږلۍ وریدل

el granizo

مون سون باران

el monzón

سیلاب

la inundación

يخ

el hielo

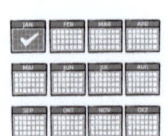

جنوري

enero

فبروري

febrero

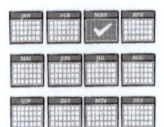

مارچ

marzo

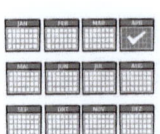

اپریل

abril

می

mayo

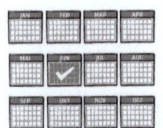

جون

junio

جولای

julio

اګست

agosto

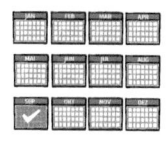

سپتمبر
....
septiembre

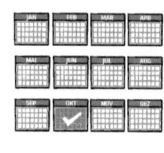

اکتوبر
....
octubre

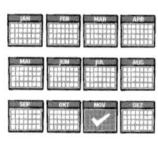

نومبر
....
noviembre

دسمبر
....
diciembre

شکلونه

las formas

دایره
....
el círculo

مربع
....
el cuadrado

مستطیل
....
el rectángulo

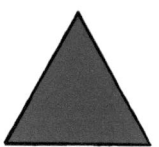

مثلث
....
el triángulo

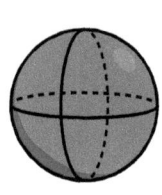

توپ
....
la esfera

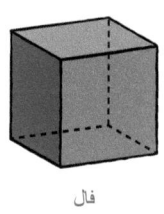

فال
....
el cubo

colores

سپین
....
blanco

ژیر
....
amarillo

نارنجي
....
naranja

کلابي
....
rosa

سور
....
rojo

ارغواني
....
violeta

نيلي
....
azul

شين
....
verde

نسواري
....
marrón

خړ
....
gris

تور
....
negro

los opuestos

خورا ډير/خورا لږ

mucho / poco

قار/ارام

enojado / tranquilo

ښکلی/بدشکله

lindo / feo

پيل/پای

el principio / el fin

لوی/کوچنی

grande / chico

روښانه/تياره

claro / oscuro

ورور/خور

el hermano / la hermana

پاک/ککر

limpio / sucio

مکمل/نامکمل

completo / incompleto

ورخ/شپه

el día / la noche

مړ/ژوندی

muerto / vivo

پراخه/انری

ancho / angosto

د خوراک وړ/نه خورل کیدونکی

comestible / no comestible

بد/مهربان

malo / amable

پاريدلی/یبی خونده

entusiasmado / aburrido

چاق/وچ

gordo / flaco

لومړی/اوروستی

primero / último

ملګری/دښمن

el amigo / el enemigo

ډک/تش

lleno / vacío

سخت/نرم

duro / blando

دروند/سپک

pesado / liviano

لوږه/تنده

el hambre / la sed

ناروغ/روغ

enfermo / sano

غیرقانوني/قانوني

ilegal / legal

هوښیار/ساده

inteligente / estúpido

کین/ښی

izquierda / derecha

نزدې/لرې

cerca / lejos

نوی/زوړ

nuevo / usado

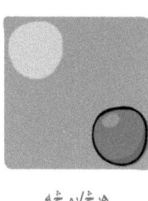

هیڅ/یو څه

nada / algo

بډا/ځوان

viejo / joven

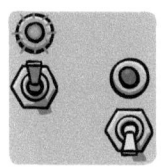

چالاذ/بند

encendido / apagado

خلاص/تړلی

abierto / cerrado

غلی/لوړ غږ

silencioso / ruidoso

بډايه/غريب

rico / pobre

صحيح/غلط

correcto / incorrecto

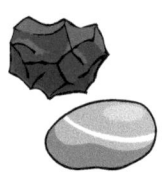

زير/ملايم

áspero / suave

خفه/خوښ

triste / contento

لنډ/اورد

corto / largo

سست/ګرندی

lento / rápido

لوند/وچ

mojado / seco

ګرم/یخ

caliente / frío

جګړه/سوله

guerra / paz

los números

0

صفر

cero

1

يو

uno

2

دوه

dos

3

دري

tres

4

څلور

cuatro

5

پنځه

cinco

6

شپږ

seis

7

اوه

siete

8

اته

ocho

9

نهه

nueve

10

لس

diez

11

يولس

once

12
سلودو

doce

13
سلاريد

trece

14
سلاروخ

catorce

15
سلخڅنپ

quince

16
سراپش

dieciséis

17
سلووو

diecisiete

18
سلتا

dieciocho

19
سلون

diecinueve

20
لش

veinte

100
لس

cien

1.000
رز

mil

1.000.000
نويلبيم

el millón

los idiomas

انگلسي

el inglés

امريكايي انگلسي

el inglés americano

چينايي مندرين

el chino mandarín

هندي

el hindi

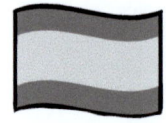

هسپانوي

el español

فرانسوي

el francés

عربي

el árabe

روسي

el ruso

پرتگالي

el portugués

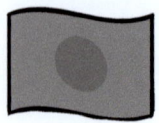

بنگالي

el bengalí

آلماني

el alemán

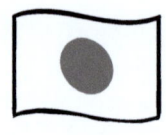

جاپاني

el japonés

زه

yo

ته

vos

هغه/دغه/دا

él / ella

موږ

nosotros

تاسي

ustedes

دوی/هغوی

ellos

ژوک؟

¿quién?

څه؟

¿qué?

څنګه؟

¿cómo?

چیري؟

¿dónde?

کله؟

¿cuándo?

نوم

el nombre

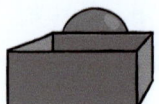

شاته
....
detrás

په
....
en

په مخه کی
....
adelante de

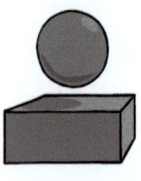

باندي
....
por encima de

په
....
sobre

لاندي
....
debajo de

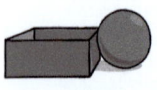

برسیره پر
....
al lado de

ترمینځ
....
entre

ځای
....
el lugar

ا